まちごとインド

ファテープル・シークリー
North India 013 Fatehpur Sikri

ムガル帝国の栄光と「幻の都」

फ़तेहपुर सीकरी

Asia City Guide Production

【白地図】北インド

INDIA
北インド

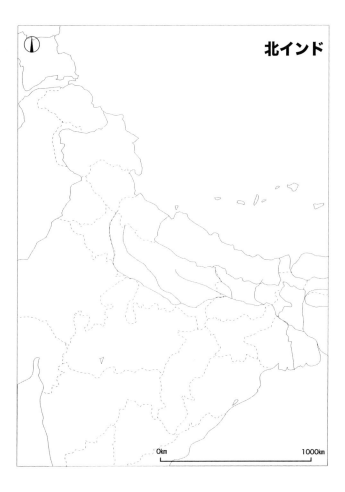

【白地図】ファティープルシークリー近郊図

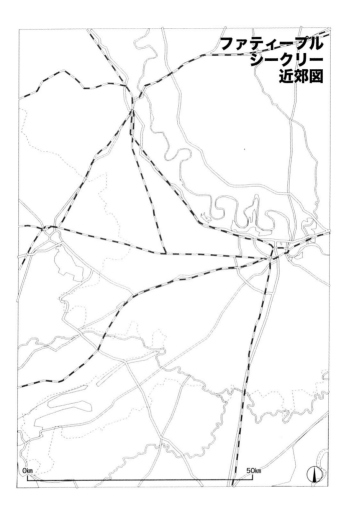

【白地図】ファティープルシークリー

INDIA
北インド

【白地図】モスク地区

INDIA
北インド

モスク地区

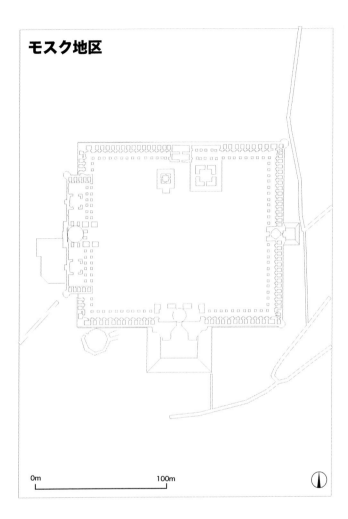

0m　　　100m

【白地図】宮廷地区

INDIA
北インド

宮廷地区

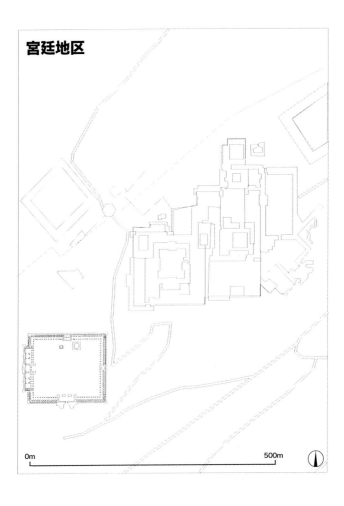

0m　　　　　　　　　　500m

Fatehpur Sikri　白地図

【白地図】ジョードバーイ宮殿

INDIA
北インド

ジョードバーイ宮殿

0m　20m

宮廷地区

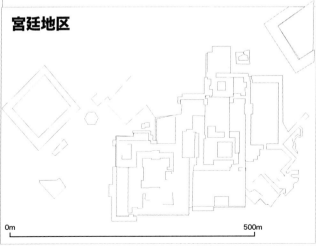

0m　500m

【白地図】アーグラ郊外

INDIA
北インド

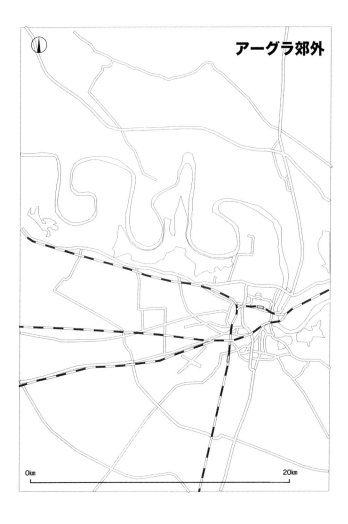

アーグラ郊外

Fatehpur Sikri 白地図

【白地図】アクバル廟

INDIA
北インド

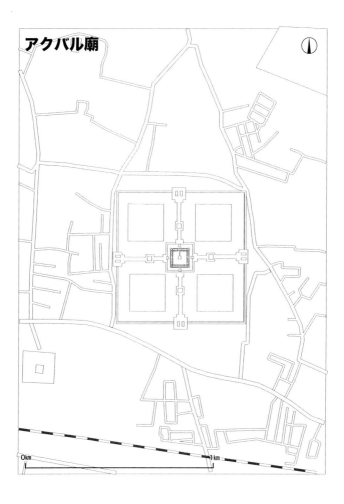

【まちごとインド】
北インド 001 はじめての北インド
北インド 002 はじめてのデリー
北インド 003 オールド・デリー
北インド 004 ニュー・デリー
北インド 005 南デリー
北インド 012 アーグラ
北インド 013 ファテープル・シークリー
北インド 014 バラナシ
北インド 015 サールナート
北インド 022 カージュラホ
北インド 032 アムリトサル

　アーグラの西40kmに位置するファテープル・シークリーは、ムガル帝国が絶頂を迎えた1569〜74年にかけて造営された。「イスラム教徒とヒンドゥー教徒がともに共存する世界」という第3代アクバル帝の理想を具現するように、両宗教の建築様式が融和して丘に展開している。

　都が造営される以前、ここシークリー村には聖者サリーム・チェシティーが庵を構えていて、なかなか恵まれなかったアクバル帝の跡継ぎの誕生を予言し、実際にその通りにサリーム王子が生まれた。アクバル帝はいたく感激し、聖者への恩

ファテープル・シークリー
Fatehpur Sikri फ़तेहपुर सीकरी

返しとして自ら指揮をとって都を造営し、ここへ宮廷機能を遷すことを決めた。

　1585年までムガル宮廷がおかれていたが、実際、水の供給がうまくいかなかったため、この都はわずか10年程度で放棄されることになった。けれどもそれゆえに破壊をこうむることなく、ほぼ完璧なかたちで当時の宮殿やモスク群を残すことになった。現在、世界遺産に登録されている。

【まちごとインド】

北インド 013 ファテープル・シークリー

目次

ファテープル・シークリー	xviii
アクバル帝の理想を実現	xxiv
モスク区鑑賞案内	xxxiii
宮廷区鑑賞案内	xlii
アーグラ郊外城市案内	lxiii
超巨大なイスラム王朝	lxxix

【MEMO】

【地図】北インド

INDIA
北インド

北インド

アクバル帝の理想を実現

INDIA
北インド

ヒンドゥー建築のチャトリとイスラム建築のドーム
ここではさまざまな様式美が昇華されムガルの繁栄は絶頂を迎える
この都は10年で破棄されたがゆえ全貌を残している

皇子誕生を予言した聖者に捧ぐ

インド史に残るムガル帝国の名君アクバル帝にもひとつの悩みがあった。それは自身の跡継ぎがなかなか生まれないことで、アクバル帝はアジメールのイスラム聖者チシュティー廟に巡礼して男の子宝を授かるよう祈っていた。1568年、アジメールからの帰路、アクバル帝がシークリー村に庵を結ぶ聖者シェイフ・サリーム・チシュティーを訪ねると「5年以内に3人の王子が生まれ、ムガル王家はますます繁栄するだろう」との言葉を受けた。翌年、その予言の通りに男の子が生まれたので、アクバル帝は喜び、聖者の名前をとってサリームと名づけた（後に第

▲左　タイムカプセルのように保存された都市。　▲右　木陰で涼をとる人々が見える

4代ジャハンギール帝となる)。さらに翌年、次男ムラードが生まれ、ついで3人目も懐妊したため、これを記念してファテープル・シークリーが造営されることになった。

勝利の都

アクバル帝が即位したころ、インド各地には地方勢力が跋扈し、ムガル帝国もまた北インドの一部を支配する一勢力に過ぎなかった。このようななか積極的な外交政策に打って出たアクバル帝は、この都が造営されていたころ、西インドのグジャラート地方へ遠征を行ない、これを平定しアラビア海への港を手に

【地図】ファティープルシークリー近郊図

【地図】ファティープルシークリー近郊図の [★★★]
- [ ] ファテープル・シークリー Fatehpur Sikri

【地図】ファティープルシークリー近郊図の [★★☆]
- [ ] アクバル廟 Mausoleum of Akbar
- [ ] ケオラデオ国立公園 Keoladeo National Park

【地図】ファティープルシークリー近郊図の [★☆☆]
- [ ] キータム湖鳥類保護区 Keetham Lake Bird Sancuary

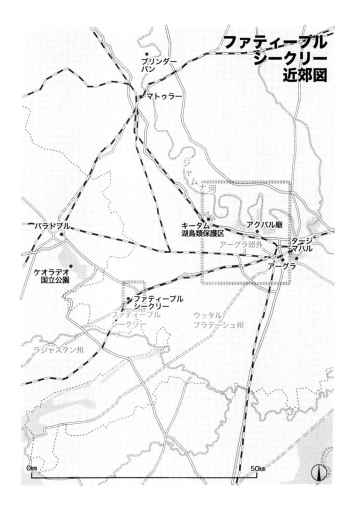

【地図】ファティープルシークリー

【地図】ファティープルシークリーの [★★★]
- ☐ モスク地区 Mosque Area
- ☐ 宮廷地区 Palace Area

【地図】ファティープルシークリーの [★☆☆]
- ☐ アーグラ門 Agra Darwaza

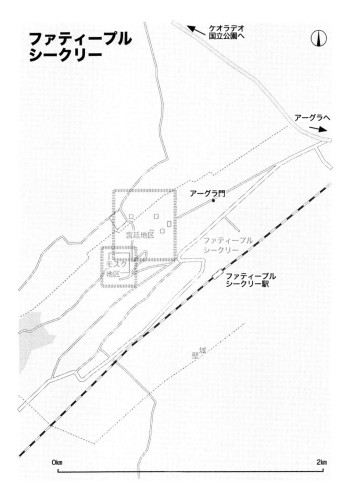

INDIA
北インド

いれた。そのためシークリー村の新たな都に「勝利」を意味するファテープルを冠して、ファテープル・シークリーと名づけられた（建設中に仮名でファタバードと呼ばれていた）。また、この地は古くヒンドゥー寺院があったところで、ムガル帝国初代バーブル帝が庭園を築くなどムガル帝国ゆかりの地でもあった。

ファテープル・シークリーの構成

北西に人造湖をおき、丘の上をはうように展開するファテープル・シークリーは、大きく宮廷地区とモスク地区とにわけられる。

▲左　子宝を願う女性が多く訪れる。　▲右　柱と梁がもちいられた様式、ヒンドゥーとイスラムが融合した

徐々にできた街ではなく、わずかな時間で都がつくられたため、明確なプランをもっている。そこではチャトリ、柱と梁の構造、木造様式といったヒンドゥー建築の特徴と、上部に載るドームやレンガづくりのイスラム建築の特徴の双方が入りまじっている。異なる技術と伝統を融合させるため、アクバル帝は建築家、技術者らの意見を積極的に聞き、それを尊重したという。この街がつくられたころ、ムガル帝国は最盛期を迎え、インドに安定がもたらされたことから、外側への開放性が強いのも特徴とされる。

Guide, Mosque Area
モスク区鑑賞案内

中世インドでも有数の繁栄を誇った
グジャラートを征服したアクバル帝
その様式が帝国の都にもちこまれることになった

मस्जिद क्षेत्र ; モスク地区 Mosque Area [★★★]

ファテプル・シークリー西部を構成するモスク地区。モスクやイスラム聖者廟のほか、この都には隊商宿、浴場などイスラム都市に共通して見られる建物が残っている。ブランド・ダルワザがジャーミ・マスジッドの南門にあたる。

बुलन्द दरवाज़ा ; ブランド・ダルワザ Buland Darwaza [★★☆]

ブランド・ダルワザ（「高い門」「勝利の門」を意味する）は、アクバル帝のグジャラート遠征の成功で1573年に改築され

▲左 屋根にチャトリを載せるジャーミ・マスジッド。 ▲右 アクバル帝が征服したグジャラート様式の門

て現在のかたちになった。中央のイワンが大きく開き、赤の強い色彩が存在感を際立たせている。高さは41mで、ムガル帝国が征服したグジャラートの方角（南）を向いてそびえる。赤砂岩の本体に白大理石をはめ込んだ装飾がされており、それは新たな領土となったグジャラート職人の技術なのだという。

जामा मस्जिद ; ジャーミ・マスジッド（ダルガ・モスク）Jame Masjid［★★☆］

モスク地区の最西端に位置する巨大なジャーミ・マスジッド。

【MEMO】

【地図】モスク地区

【地図】モスク地区の [★★★]
- [ ] モスク地区 Mosque Area

【地図】モスク地区の [★★☆]
- [ ] ブランド・ダルワザ Buland Darwaza
- [ ] ジャーミ・マスジッド（ダルガ・モスク）Jame Masjid

【地図】モスク地区の [★☆☆]
- [ ] サリーム・チシュティー廟 Mausoleum of Salim Chishti
- [ ] イスラム・ハーン廟 Mausoleum of Islam Khan

モスク地区

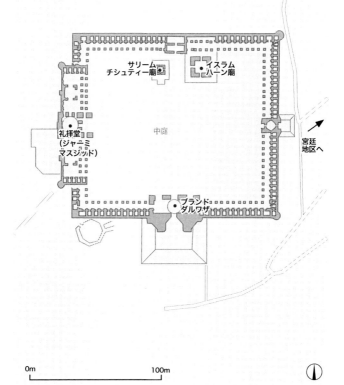

モスク区鑑賞案内

INDIA
北インド

王族の宮殿に隣接するように配置されている。インドでも最大規模を誇るこのモスクは、1571年に造営され、金曜日の集団礼拝が行なわれていた。中庭を囲むようにアーチ型の列柱回廊が展開し、礼拝堂近くでは梁と柱がもちいられたヒンドゥー様式を確認できる。

सलीम चिश्ती की दरगाह; サリーム・チシュティー廟
Mausoleum of Salim Chishti [★☆☆]

アクバル帝の跡継ぎの誕生を予見したイスラム聖者サリーム・チシュティーが祀られた墓廟。サリーム・チシュティー

▲左　当時の最高の技術をもってつくられた。　▲右　イスラムのイワン(門)のうえにヒンドゥーのチャトリ(亭)が載る

の予言が的中したことを記念して、都城ファテープル・シークリーが造営され、アクバル帝はその子をサリーム（後の第4代ジャハンギール帝）と名づけた。この廟は聖者が没した後の1580年に築かれ、当初は赤砂岩と白大理石が用いられていたが、後に白大理石に統一された。「アクバルの跡継ぎ誕生」の逸話から、宗教を問わず、子宝を祈願する女性たちの巡礼を集め、透かし彫りの窓枠に布きれを結ぶことでその願いがかなうと信じられている。

▲左　モスク地区に残るイスラム・ハーン廟。　▲右　ひっそりとした回廊、列柱が連なる

इस्लाम खान की मकबरा；
イスラム・ハーン廟 Mausoleum of Islam Khan ［★☆☆］

イスラム・ハーン廟は、イスラム聖者サリーム・チシュティーの孫や、そのほかのイスラム聖者が祀られた霊廟。巨大な中心のドームを囲むように建物上部には小さなチャトリが連続する。ヒンドゥー教徒が大多数を占める南アジアにあたって、イスラム聖者の人徳や清貧生活が人々の共感を呼ぶなどイスラム教の布教に成果をあげた。

Guide, Palace Area
宮廷区鑑賞案内

INDIA
北インド

ムガル王族たちが暮らした宮廷地区
ヒンドゥーとイスラムの様式が融合した
アクバル帝の理想が具現化された

पैलेस क्षेत्र；宮廷地区 Palace Area ［★★★］

ファテープル・シークリーの東側をしめる宮廷地区。アーグラから遷都され1585年までの十数年、ここにはムガル帝国の宮廷がおかれていた。この宮廷地区の諸建築では、柱と梁で構成するインド式の建築様式が随所に見られ、イスラム教とヒンドゥー教という異なる宗教建築がひとつに融合している。またヒンドゥー教徒のための沐浴場もそなえられていた。

【MEMO】

【地図】宮廷地区

【地図】宮廷地区の ［★★★］
- ☐ 宮廷地区 Palace Area

【地図】宮廷地区の ［★★☆］
- ☐ ジョード・バーイ宮殿 Jodh Bai's Palace
- ☐ パンチ・マハル（五層閣）Panch Mahal
- ☐ ディワーネ・カース（私的謁見殿）Diwan-e-Khas

【地図】宮廷地区の ［★☆☆］
- ☐ ビルバル殿 Bhirbal Bhavan
- ☐ ミリアン殿 Miriam's House
- ☐ ディワーネ・アーム（公的謁見殿）Diwan-e-Amm
- ☐ キャラバン・サライ Caravan Serai
- ☐ ヒラン・ミナール（鹿の塔）Hiran Minar
- ☐ ハキームの浴場 Hammam of Hakim

宮廷地区

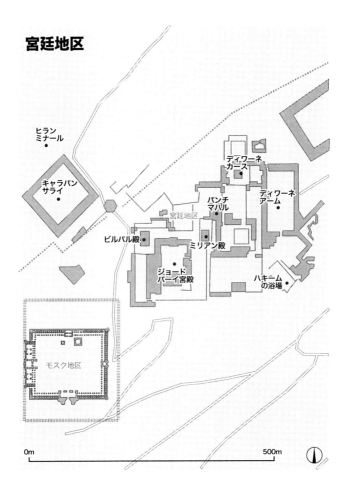

▲左　宮廷地区の中心ジョード・バーイ宮殿。　▲右　階段状のガートも見られる

जोधाबाई का महल ;
ジョード・バーイ宮殿 Jodh Bai's Palace ［★★☆］

イスラム風のアーチ型門とヒンドゥー建築の柱をもつなど、この都城の建設理念がここに示されたジョード・バーイ宮殿（アクバル宮殿）。1569年に建てられたこの宮殿でアクバル帝は起居し、その政務がとられた。その後宮もここにあり、ジョード・バーイという名前は、ラージプートからアクバル帝に嫁いできた王妃にちなむ。アクバルの長男サリームを出産した王妃は、「マリアムズ・ザマニ（宇宙の聖母マリア）」の称号で呼ばれるようになった。

【MEMO】

【地図】ジョードバーイ宮殿

【地図】ジョード・バーイ宮殿の [★★☆]
□　ジョード・バーイ宮殿 Jodh Bai's Palace

ジョードバーイ宮殿

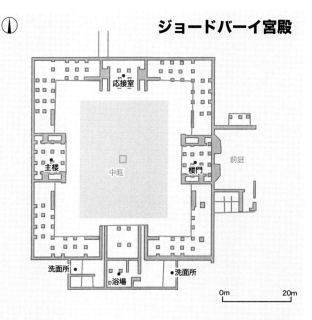

宮廷地区

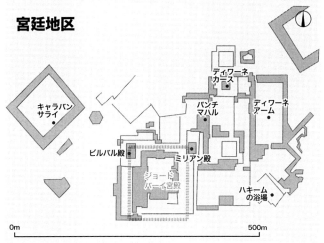

INDIA
北インド

ムガル王家とラージプート王族の婚姻

宮廷地区にあるジュード・バーイ宮殿の名前は、アクバル帝の跡継ぎを生んだ王妃からとられている。彼女はラジャスタン（ラージプート族）のアンベール王家の娘で、ラージプート族はクシャトリヤの末裔を自認し、名誉と武勲を重んじる誇り高い人々だった。8世紀ごろに登場し、グプタ朝以降のインドの有力者であり続けたため、支配者たちにとってラージプート族をどのように扱うかが大きな課題となっていた。ムガル帝国はラージプートと婚姻関係を築くことで、同盟関係を強める政策をとった。ファテープル・シークリーでは双

▲左 ファティープル・シークリーを訪れた人々。 ▲右 ジョード・バーイ宮殿、見応えのある建築

方の文化が融合した宮殿を見ることができる。

बीरबल भवन；ビルバル殿 Birbal Bhavan ［★☆☆］

ヒンドゥー詩人ビルバルの名前が冠されたビルバル殿。アクバル帝は彼の詩を好み、自らのそばにおいて寵愛していた。建物の入口が中央からはずれるなど、特徴的なプランをもち、本体壁面、柱にも精緻な彫刻がほどこされている。1569年に建てられた。

INDIA
北インド

पंचमहल; パンチ・マハル (五層閣) Panch Mahal [★★☆]

五層からなるパンチ・マハルは、王族の娯楽のための楼閣で、特徴的な姿をしている。建物は赤砂岩を素材とするが、壁がなく、柱と梁がむき出しのままになっている。この梁と柱の様式はヒンドゥー建築のもので、一般的なイスラム建築では見られない。パンチ・マハルの下では人間を駒に見立てたチェスが行なわれ、アクバル帝を愉しませたのだという。1570年に建てられた。

▲左　窓から太陽の光が差し込む。　▲右　アクバル帝はここから人間チェスを愉しんだという、パンチ・マハル（五層閣）

最強皇帝アクバル

ムガル皇帝のなかで唯一「大帝（アクバル大帝）」とも呼ばれるアクバル帝は、アショカ王とならんでインド史を代表する名君の誉れが高い。強力な軍事力と財政基盤を背景に皇帝を頂点とする中央集権体制を築き、イスラム教徒だけでなく、ヒンドゥー教徒、ジャイナ教徒、ゾロアスター教徒などすべての人々に公平な政治を行なった。アクバル帝が発行したコインには、「アッラー・アクバル」と刻まれていて、それは「神は偉大なり」という意味のほかに「神はアクバル帝なり」とも解釈できるのだという。

INDIA
北インド

मरियम हाउस；ミリアン殿 Miriam's House ［★☆☆］

アクバルに愛された王妃ミリアンのための宮殿。建物内部の壁面に、金色で描かれていた叙事詩『ラーマーヤナ』のラーマ王子や猿神ハヌマーンのほか、ペルシャ風の壁画などがあったことから、「サナハラ・マカン（黄金の宮殿）」と呼ばれていた。

दीवान-ए-आम；
ディワーネ・アーム（公的謁見殿）Diwan-e-Amm ［★☆☆］

アクバル帝が朝、人々と謁見する場所であったディワーネ・

▲左　こぢんまりとしたミリアン殿。　▲右　皇帝が人々に謁見したディワーネ・アーム（公的謁見殿）

アーム。謁見殿は公的謁見殿と私的謁見殿のふたつがあり、こちらは民衆の声を聴くなど一般に向けられたものだった。裁判や政治的なもめごと、税徴収や公共事業に関する経済政策など、皇帝が中央の玉座に座して、裁定をくだしていた。宮殿内には列柱の回廊を四方にめぐらせた中庭をもつ。1570年に建設された。

दीवान-ए-खास；
ディワーネ・カース（私的謁見殿）Diwan-e-Khas ［★★☆］

一般のための謁見殿ディワーネ・アームに対して、アクバル

INDIA
北インド

帝が貴賓に謁見し、行政がとられた宮殿ディワーネ・カース。1570年に建てられた建物は特徴的なプランをしていて、吹き抜けになった内部空間の2階部分に十字型の橋が交差し、その中央に玉座がおかれていた。ここにアクバル帝が座して、階下で行なわれるヒンドゥー教、キリスト教、ジャイナ教、ゾロアスター教、ユダヤ教などの宗教者の議論に耳を傾けたのだという。宗教の融和を目指したアクバル帝は、40歳のときに諸宗教を融合させた自らの宗教ディーネ・イラーヒ（神の宗教）をはじめている。

▲左　貴賓のみが入場を許されたディワーネ・カース（私的謁見殿）。　▲右　切り妻屋根の建築も見ることができた

新たなる宗教を創始

多様な宗教が共存するインド。それぞれ異なる宗教の融合を試みたアクバル帝は、ヒンドゥー教、イスラム教のほかにも、ゾロアスター教、ジャイナ教などの宗教者を謁見場に集めて宗教論争を行なわせた。あらゆる宗教の立場や意見を聞き、対立や異なる考えを乗り越えようという意図があったという。最終的にアクバル帝はさまざまの宗教を融合させたディーネ・イラーヒという宗教を創始し、実際に宮廷の一部ではそれが信仰されていた。

INDIA
北インド

कारवां सराय;キャラバン・サライ Caravan Serai ［★☆☆］

キャラバン・サライは、ラジャスタンや南インド、ベンガル地方と往来する隊商のために用意された宿。ラクダを待機させ、水や食糧の供給が行なわれた。アクバル帝時代には、北インドを横断するグランド・トランク・ロードが整備され、治安もたもたれていたため、経済は大いに繁栄し、各地の物資が隊商によって運ばれた。ここファテープル・シークリーには、遠くヨーロッパからの隊商も訪れていたという。

▲左 渇いた大地が広がる。　▲右 アーグラから郊外に足を伸ばしたところに位置するファティープル・シークリー

हिरन मीनार ;
ヒラン・ミナール（鹿の塔）Hiran Minar ［★☆☆］

高さ 21m の望楼ヒラン・ミナール。ハリネズミのように見える本体壁面の装飾は、インドに生息する象の牙をもちいたもの。ここは皇帝が狩りを愉しんだところでもあり、また夜になると火がたかれ、灯台の役割を果たしていた。

हकीम की हम्माम ;
ハキームの浴場 Hammam of Hakim ［★☆☆］

ハキームの浴場は、イスラム都市で広く見られる公衆浴場ハ

マーム。ここでは蒸し風呂や温浴場が整備され、清潔さをたもつため、生活にかかせない場所だった。アクバルに仕えた学者ハキームの名前がとられている。

बावली ; バオリ Baoli ［★☆☆］
西インドで古くから見られた階段式の井戸バオリ。イスラム支配下のインドで広がり、雨季と乾季がはっきりわかれるインドにあって水確保のため重要な役割を果たしていた。階下へ降る階段が複雑にめぐらされ、涼をとるための部屋がおかれるなどの工夫がされている。

आगरा दरवाज़ा；アーグラ門 Agra Darwaza ［★☆☆］

アーグラ門は、都アーグラへいたるファテープル・シークリー北東の門。赤砂岩とレンガで構成されている。ここから宮廷地区までは道路がまっすぐ伸び、この都の大動脈として整備されていた。

Guide,
Around Agra
アーグラ郊外城市案内

世界遺産に指定されているケオラデオ国立公園
アクバル帝が眠るシカンドラ
アーグラから郊外に足を伸ばす

केवलादेव राष्ट्रीय उद्यान ;
ケオラデオ国立公園 Keoladeo National Park ［★★☆］

ファテープル・シークリーの先、アーグラの西55kmに位置するケオラデオ国立公園（ラジャスタン州東部）。クロズルをはじめとするツルの仲間やコウノトリ科のインドトキコウといった希少な鳥類が400種類程度棲息していることから、「バード・サンクチュアリ」と呼ばれ、世界自然遺産に登録されている。なかには遠く中央アジアからも訪れる渡り鳥もいて、冬を過ごして飛び去っていく。18世紀にバラトプルのマハラジャによって整備されたことが自然公園のはじまり

INDIA
北インド

で、その後、バラトプル鳥獣保護区と呼ばれていたが、この地にあったヒンドゥー寺院名からからケオラデオ国立公園と呼ばれるようになった。

कीठम लेक；
キータム湖鳥類保護区 Keetham Lake Bird Sancuary[★☆☆]

水鳥や渡り鳥などが生息するキータム湖鳥類保護区。自然公園として保護されていて、キータム湖を中心に貴重な自然の姿が残っている。ジャムナ河のほとりアーグラとマトゥラーを結ぶ街道わきに位置する。

सिकंदरा ; シカンドラ Sikandra ［★☆☆］

アーグラの北西、ジャムナ河の南岸に位置するシカンドラ。シカンドラという地名は、16世紀初頭にこの地に都市を建設したシカンダル・ローディーに由来し、現在ではムガル帝国第3代アクバル帝の墓廟が残る地として知られる。シカンドラのアクバル廟の造営は皇帝の在命中からはじまり、死後のジャハンギール帝治世に完成した。生前に墓廟が完成することもめずらしくない時代にあって、アクバル帝の墓の工事の進行が遅かったのは、ある預言者が「アクバル帝は120歳まで生きる」と予言をしていたからだという。

【地図】アーグラ郊外

【地図】アーグラ郊外の [★★☆]
- [ ] アクバル廟 Mausoleum of Akbar

【地図】アーグラ郊外の [★☆☆]
- [ ] シカンドラ Sikandra
- [ ] キータム湖鳥類保護区 Keetham Lake Bird Sancuary

アーグラ郊外

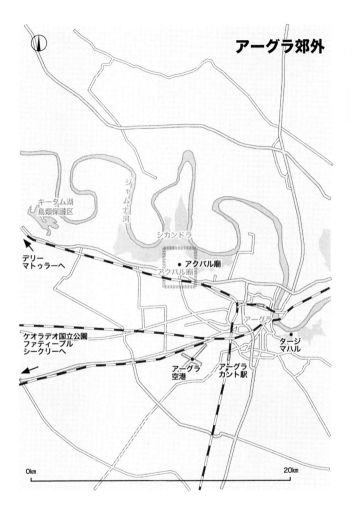

アーグラ郊外城市案内

INDIA
北インド

अकबर का मकबरा；
アクバル廟 Mausoleum of Akbar [★★☆]

ジャムナ河が大きく蛇行し、北側に自然が広がる「楽園の都」と呼ばれた場所にたたずむアクバル廟。一辺が700mのチャハール・バーグ庭園の中央に廟本体が立ち、赤砂岩の壁面に白大理石をはめこんだ幾何学文様などがほどこされている。四隅には白大理石製の4本のミナレットがそびえるが、上部にドームを抱いていないムガル建築初期の様式となっている。ヒンドゥー建築とイスラム建築を融合させた設計プランは、生前のアクバル帝によって考えられ、死後、ジャハンギー

▲左　本体四隅に4本のミナレットが立つ。　▲右　ムガル帝国の黄金時代を築いたアクバル廟

ル帝の時代に完成した（1605年、アクバルは60歳あまりで没したが、第4代ジャハンギール帝、第5代シャー・ジャハーン帝へと繁栄は受け継がれた）。霊廟の地下に墓室があるが、アクバル帝の遺骨は1687年、アウラングゼーブ帝のイスラム化政策に怒った農民（ジャート）によって略奪にあい、焼き捨てられてしまった。

アクバル廟とプラン変更

死後、遺体を埋葬して遺灰を河に流すインドにあって、アクバル廟、タージ・マハルなどの墓廟は特異なものとなってい

INDIA
北インド

る。遊牧民の伝統では、子孫が先祖の墓を建てるという習慣がなく、支配者は生前から自らの墓廟を造営しておくことがあった。アクバル廟はその死の3年前から建設に着手していたが、1605年にアクバル帝が没するとその工事はジャハンギール帝に受け継がれた。芸術を愛し、美的感覚に富むジャハンギール帝にとって、アクバル廟を訪れたときにその完成度に失望し、設計を変更させたのだという。

墓石周囲が空室のわけ

アクバル帝の遺体が納められていた墓石の周囲には40もの

【MEMO】

【地図】アクバル廟

【地図】アクバル廟の [★★☆]
- [ ] アクバル廟 Mausoleum of Akbar

【地図】アクバル廟の [★☆☆]
- [ ] チャハール・バーグ Chahar bagh

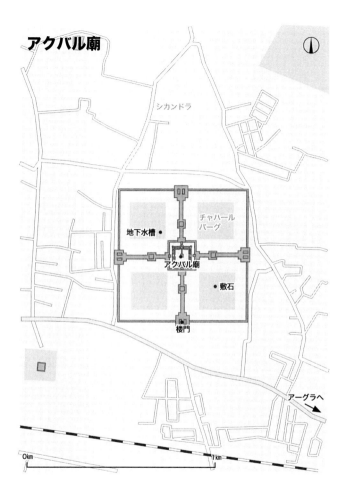

INDIA
北インド

房で囲まれている。アクバル帝の周囲にムガル王族の墓を安置するために設計されたものだが、実際にはアクバル王妃や王女、アウラングゼーブ帝の皇女の墓がわずかにおかれているだけでほとんどが空室となっている。王女の墓がここにあるのは、彼女たちが嫁がずに終生アクバル帝の近くで過ごしたためだと言われる。

चार-बाग；チャハール・バーグ Chahar bagh ［★☆☆］

アクバル廟に展開する美しいチャハール・バーグ様式の庭園。その十字形の道先の四方には門がそびえる。南側の門が正門

▲左　多くの人々が参拝に訪れる。　▲右　アクバル廟はイスラム様式の建築

にあたり、高さ 23m の楼門で四方にミナレットが載っている。楼門の刻文には「これらはエデンの園である。なかに入り、永遠に生きよ」と書かれているのだという。

बरादी महल ; バラダル宮殿 Baradar Palace［★☆☆］

バラダル宮殿は、1495 年にシカンダル・ローディーが築いた宮殿で、ここにローディー朝の宮廷がおかれていた。一辺 36m のプランからなり、建物の四隅にはチャトリが載っている。またイスラム建築様式のアーチが確認できるなど、ローディー朝時代の数少ない遺構となっている。

INDIA
北インド

アフガン族による王朝、ローディー朝

ローディー朝はデリー・サルタナット朝（13～16世紀）の最後の王朝にあたり、ムガル帝国に替わられるまで北インドを支配した。それまでのデリー・サルタナット朝（13～16世紀）の都は、デリーにおかれていたが、ローディー朝のシカンダルが政治、軍事ともにより優れたこの地へ遷都した。ローディー朝の特徴は、他の王朝がトルコ系であったのに対して、アフガン族による王朝であったということ。パンジャーブ地方の総督バハロール・ローディーがサイード朝の混乱に乗じて1451年、スルタンに即位した。シカンダル、イブラ

ヒムの3代にわたって続き、ムガルのバーブル帝に敗れて王朝は終焉した。

超巨大な
イスラム
王朝

ファテプール・シークリーやタージ・マハル
史上空前の建築群を生み出したムガル帝国
時空を超えるインド・イスラム文化の担い手の肖像

中央アジアからの征服王朝

ムガルとはペルシャ語で「モンゴル」を意味し、ムガル帝国の初代バーブル帝はティムールとチンギス・ハンの血をひき、弱体化したティムール朝の皇子として中央アジアに生まれた。10世紀以来、イスラム勢力が中央アジアから富めるインドへ侵入し、そこで王朝（デリー・サルタナット朝）を樹立していたが、1526年、バーブルはローディー朝を破ってインド進出の足場を築いた。ムガル帝国以前のデリー・サルタナット朝では、イスラム世界の盟主はカリフでの威光を借りた「スルタン（地方支配者）」が使われていたが、ムガ

INDIA
北インド

ル帝国では「バードシャー(皇帝)」が使われるようになった。

ムガル帝国黄金時代

ムガル帝国は第3代アクバル帝の時代(在位1556〜1605年)に支配基盤を確立させ、世界でも有数の繁栄を見せるようになった。この時代、ベンガルから中央アジアまで続く帝国の大動脈グランド・トランク・ロード(アーグラ、デリー、ラホール、カブールを結ぶ)が整備された。一方、ヒンドゥー教徒を宮廷に登用することで、イスラム教とヒンドゥー教の融和が進められた。ムガルの繁栄は第6代アウラングゼーブ

Fatehpur Sikri 超巨大なイスラム王朝

▲左　原色のサリーがインドの大地に映える。　▲右　ムガルの都がおかれたアーグラ城、赤砂岩がもちいられている

帝の時代まで続き、この時代のインドの人口は1億人を超し、その富は広くヨーロッパにまで聞こえていたという。

ムガルの文化

ムガル帝国の栄華を今に伝えるのがムガル芸術で、イスラム芸術の先進地であったペルシャ様式の建築や庭園がアーグラ、デリーといった街で展開された。その特徴はインドの白大理石、赤砂岩といった自然や素材を使って、巨大な宮殿やモスクが築かれたことにあり、それまでのイスラム王朝のものとは規模が大きく異なった。またムガル宮廷ではペルシャ

語が話されるようになり、ヒンディー語にアラビア語やペルシャ語の語彙が混じったウルドゥー語も発展した。その名称は、第5代シャー・ジャハーン帝時代の呼称「ザハーネ・ウルドゥーエ・モアッラーエ・シャージャハナーバード（高貴な陣営の言葉）」に由来する。

ムガル帝国が残したもの

大陸にもたとえられるインドでは、その歴史を通じてインド全体を統一する国家がほとんど登場せず、人々は近代に入るまで「インド人」という意識をもつことがなかったという。

Fatehpur Sikri

超巨大なイスラム王朝

ベンガルとパンジャーブ、デカンでは民族、言語、生活の慣習がまるで異なり、それぞれ別の文化や歴史を有していた。やがてインド全域がイギリスの植民地となり、その支配を受けるなかで「インド人」としての意識が芽生えるようになっていったが、その統一国家への道筋に大きく貢献したのがイギリス以前にインドの大部分を領土としたムガル帝国だとされる。

参考文献

『インド建築案内』(神谷武夫 / TOTO出版)

『都市形態の研究』(飯塚キヨ / 鹿島出版会)

『イスラム建築がおもしろい！』(深見奈緒子 / 彰国社)

『ムガル美術の旅』(山田篤美 / 朝日新聞社)

『世界の歴史14 ムガル帝国から英領インドへ』(佐藤正哲 / 中央公論社)

『世界大百科事典』(平凡社)

まちごとパブリッシングの旅行ガイド

Machigoto INDIA , Machigoto ASIA , Machigoto CHINA

【北インド - まちごとインド】

001 はじめての北インド
002 はじめてのデリー
003 オールド・デリー
004 ニュー・デリー
005 南デリー
012 アーグラ
013 ファテープル・シークリー
014 バラナシ
015 サールナート
022 カージュラホ
032 アムリトサル

【西インド - まちごとインド】

001 はじめてのラジャスタン
002 ジャイプル
003 ジョードプル
004 ジャイサルメール
005 ウダイプル
006 アジメール（プシュカル）
007 ビカネール
008 シェカワティ
011 はじめてのマハラシュトラ
012 ムンバイ
013 プネー
014 アウランガバード
015 エローラ
016 アジャンタ
021 はじめてのグジャラート
022 アーメダバード
023 ヴァドダラー（チャンパネール）
024 ブジ（カッチ地方）

【東インド - まちごとインド】

002 コルカタ
012 ブッダガヤ

【南インド - まちごとインド】

001 はじめてのタミルナードゥ
002 チェンナイ
003 カーンチプラム
004 マハーバリプラム
005 タンジャヴール
006 クンバコナムとカーヴェリー・デルタ
007 ティルチラパッリ
008 マドゥライ
009 ラーメシュワラム
010 カニャークマリ
021 はじめてのケーララ
022 ティルヴァナンタプラム
023 バックウォーター（コッラム～アラップーザ）
024 コーチ（コーチン）
025 トリシュール

【ネパール - まちごとアジア】

001 はじめてのカトマンズ
002 カトマンズ
003 スワヤンブナート

004 パタン
005 バクタプル
006 ポカラ
007 ルンビニ
008 チトワン国立公園

【バングラデシュ - まちごとアジア】

001 はじめてのバングラデシュ
002 ダッカ
003 バゲルハット（クルナ）
004 シュンドルボン
005 プティア
006 モハスタン（ボグラ）
007 パハルプール

【パキスタン - まちごとアジア】

002 フンザ
003 ギルギット（KKH）
004 ラホール
005 ハラッパ
006 ムルタン

【イラン - まちごとアジア】

001 はじめてのイラン
002 テヘラン
003 イスファハン
004 シーラーズ
005 ペルセポリス
006 パサルガダエ（ナグシェ・ロスタム）
007 ヤズド
008 チョガ・ザンビル（アフヴァーズ）
009 タブリーズ

010 アルダビール

【北京 - まちごとチャイナ】

001 はじめての北京
002 故宮（天安門広場）
003 胡同と旧皇城
004 天壇と旧崇文区
005 瑠璃廠と旧宣武区
006 王府井と市街東部
007 北京動物園と市街西部
008 頤和園と西山
009 盧溝橋と周口店
010 万里の長城と明十三陵

【天津 - まちごとチャイナ】

001 はじめての天津
002 天津市街
003 浜海新区と市街南部
004 薊県と清東陵

【上海 - まちごとチャイナ】

001 はじめての上海
002 浦東新区
003 外灘と南京東路
004 淮海路と市街西部
005 虹口と市街北部
006 上海郊外（龍華・七宝・松江・嘉定）
007 水郷地帯（朱家角・周荘・同里・甪直）

【河北省 - まちごとチャイナ】

001 はじめての河北省
002 石家荘
003 秦皇島
004 承徳
005 張家口
006 保定
007 邯鄲

【江蘇省 - まちごとチャイナ】

001 はじめての江蘇省
002 はじめての蘇州
003 蘇州旧城
004 蘇州郊外と開発区
005 無錫
006 揚州
007 鎮江
008 はじめての南京
009 南京旧城
010 南京紫金山と下関
011 雨花台と南京郊外・開発区
012 徐州

【浙江省 - まちごとチャイナ】

001 はじめての浙江省
002 はじめての杭州
003 西湖と山林杭州
004 杭州旧城と開発区
005 紹興
006 はじめての寧波
007 寧波旧城
008 寧波郊外と開発区
009 普陀山
010 天台山
011 温州

【福建省 - まちごとチャイナ】

001 はじめての福建省
002 はじめての福州
003 福州旧城
004 福州郊外と開発区
005 武夷山
006 泉州
007 廈門
008 客家土楼

【広東省 - まちごとチャイナ】

001 はじめての広東省
002 はじめての広州
003 広州古城
004 天河と広州郊外
005 深圳（深セン）
006 東莞
007 開平（江門）
008 韶関
009 はじめての潮汕
010 潮州
011 汕頭

【遼寧省 - まちごとチャイナ】

001 はじめての遼寧省
002 はじめての大連
003 大連市街
004 旅順
005 金州新区

006 はじめての瀋陽
007 瀋陽故宮と旧市街
008 瀋陽駅と市街地
009 北陵と瀋陽郊外
010 撫順

【重慶 - まちごとチャイナ】

001 はじめての重慶
002 重慶市街
003 三峡下り（重慶〜宜昌）
004 大足

【香港 - まちごとチャイナ】

001 はじめての香港
002 中環と香港島北岸
003 上環と香港島南岸
004 尖沙咀と九龍市街
005 九龍城と九龍郊外
006 新界
007 ランタオ島と島嶼部

【マカオ - まちごとチャイナ】

001 はじめてのマカオ
002 セナド広場とマカオ中心部
003 媽閣廟とマカオ半島南部
004 東望洋山とマカオ半島北部
005 新口岸とタイパ・コロアン

【Juo-Mujin（電子書籍のみ）】

Juo-Mujin 香港縦横無尽
Juo-Mujin 北京縦横無尽
Juo-Mujin 上海縦横無尽

【自力旅游中国 Tabisuru CHINA】

001 バスに揺られて「自力で長城」
002 バスに揺られて「自力で石家荘」
003 バスに揺られて「自力で承徳」
004 船に揺られて「自力で普陀山」
005 バスに揺られて「自力で天台山」
006 バスに揺られて「自力で秦皇島」
007 バスに揺られて「自力で張家口」
008 バスに揺られて「自力で邯鄲」
009 バスに揺られて「自力で保定」
010 バスに揺られて「自力で清東陵」
011 バスに揺られて「自力で潮州」
012 バスに揺られて「自力で汕頭」
013 バスに揺られて「自力で温州」

【車輪はつばさ】
南インドのアイラヴァテシュワラ寺院には建築本体に車輪がついていて寺院に乗った神さまが人びとの想いを運ぶと言います。

・本書はオンデマンド印刷で作成されています。
・本書の内容に関するご意見、お問い合わせは、発行元の
　まちごとパブリッシング info@machigotopub.com までお願いします。

まちごとインド
北インド013ファテープル・シークリー
～ムガル帝国の栄光と「幻の都」[モノクロノートブック版]

2017年11月14日　発行

著　者	「アジア城市（まち）案内」制作委員会
発行者	赤松　耕次
発行所	まちごとパブリッシング株式会社 〒181-0013　東京都三鷹市下連雀4-4-36 URL http://www.machigotopub.com/
発売元	株式会社デジタルパブリッシングサービス 〒162-0812　東京都新宿区西五軒町11-13 　　　　　　清水ビル3F
印刷・製本	株式会社デジタルパブリッシングサービス URL http://www.d-pub.co.jp/

MP007

ISBN978-4-86143-141-8 C0326　　　　Printed in Japan
本書の無断複製複写（コピー）は、著作権法上での例外を除き、禁じられています。